Danièle Foulque

Le secret du vieil orme

Adaptation et activités de **Chiara Rovella**
Illustrations de **Fabio Sardo**

Rédaction : Sarah Negrel
Conception graphique : Nadia Maestri
Mise en page : Carla Devoto, Simona Corniola
Recherche iconographique : Laura Lagomarsino

© 2011 Cideb

Première édition : janvier 2011

Crédits photographiques : Archives Cideb ; De Agostini Picture Library : 25.

Vous trouverez sur le site blackcat-cideb.com (espace étudiants et enseignants) les liens et adresses Internet utiles pour compléter les dossiers et les projets abordés dans le livre.

Pour toute suggestion ou information, la rédaction peut être contactée à l'adresse suivante :
info@blackcat-cideb.com

The Publisher is certified by

 CISQCERT

in compliance with the UNI EN ISO 9001:2008 standards for the activities of 'Design, production, distribution and sale of publishing products.' (certificate no. 04.953)

ISBN 978-88-530-1084-1 livre + CD

Imprimé en Italie par Litoprint, Gênes

Sommaire

Le texte est intégralement enregistré.

   Ce symbole indique les chapitres et les activités enregistrés et le numéro de leur piste.

DELF   Les exercices qui présentent cette mention préparent aux compétences requises pour l'examen.

Le Palais de l'Isle entouré par les eaux du Thiou.

Annecy

Annecy se trouve dans la région Rhône-Alpes, au sud-est de la France. Chef-lieu du département de la Haute-Savoie, la ville est située dans les Préalpes du nord, à 448 mètres d'altitude.

Une ville d'art et d'histoire

Le Moyen Âge a été une période importante pour Annecy. À cette époque, la ville appartenait aux comtes de Genève, puis elle est passée aux mains des ducs de Genevois-Nemours et enfin à la Maison [1] de Savoie. D'importants monuments remontent au Moyen Âge dont le Palais de l'Isle, entouré par les eaux du Thiou, et le Château d'Annecy qui est aujourd'hui le siège de l'Observatoire

---

1. **Maison** : ici, famille noble.

régional des lacs alpins et du Musée d'art contemporain et d'art régional. Pendant la seconde moitié du XVIe siècle, de nombreux catholiques, chassés de Genève suite au triomphe du Calvinisme[2], se réfugient à Annecy. La ville est rattachée à la France avec la Savoie en 1860 et devient le chef-lieu du nouveau département de la Haute-Savoie.

Aujourd'hui, Annecy est célèbre pour sa vieille ville traversée par des rues piétonnes – dont les plus fréquentées sont la rue Carnot, la rue Royale et la rue Sainte-Claire avec ses maisons à arcades – et par des canaux. Ce n'est pas un hasard si on la surnomme « La Venise des Alpes » !

Une ville culturelle

De nombreuses manifestations sont organisées tout au long de l'année. En voici quelques-unes :
- le Festival international du film d'animation : créé en 1960 pour les passionnés du genre, il a lieu chaque année au mois de juin ;
- la Fête du Lac : un magnifique spectacle pyrotechnique sur le lac d'Annecy qui se déroule au mois d'août ;

2. **Calvinisme** : doctrine du réformateur Calvin, qui contribua à la diffusion du protestantisme en France.

Une rue piétonne du centre-ville d'Annecy.

5

Le lac d'Annecy.

– le Carnaval vénitien : un défilé de costumes et de masques vénitiens à travers la vieille ville et au bord du lac ;
– le retour des alpages : tous les ans au mois d'octobre, cette fête met en valeur les traditions locales à travers la dégustation de produits typiques, la présence de troupeaux d'alpage et celle d'artisans venus montrer les vieux métiers.

Une ville au contact de la nature

Annecy est dotée de nombreux espaces verts qui font le bonheur des Annéciens et des touristes !

Le lac d'Annecy

De par sa superficie, il est le deuxième lac de France. Sa beauté constitue une véritable attraction touristique. On peut traverser le lac en bateau ou bien en faire le tour à pied, à vélo ou en voiture (38 km), et y pratiquer de nombreux sports comme la planche à voile, le ski nautique, l'aviron et la plongée. Le lac étant très propre, on peut s'y baigner en toute tranquillité. Autrefois, c'était une source inépuisable de nourriture grâce à la présence de plusieurs espèces de poissons. D'ailleurs, le blason d'Annecy représente une truite d'argent sur fond rouge.

Une ville gourmande

Les gourmands aussi trouveront leur bonheur à Annecy et dans sa région : l'excellente charcuterie, les poissons de lac et les fromages typiques jouent un rôle essentiel dans la gastronomie savoyarde. Parmi les plats les plus célèbres de la cuisine locale, il y a les crêpes, les quiches, la tartiflette, la raclette et les soufflés.

Alors, que vous soyez un amoureux de la nature, un sportif invétéré [3], un passionné d'histoire, un fan de films d'animation ou un fin gourmet, vous trouverez toujours une bonne raison de vous rendre à Annecy, une ville où passé et présent cohabitent harmonieusement.

Compréhension écrite

1 Lisez attentivement le dossier, puis complétez la fiche sur Annecy.

Pays : ....

Région : ....

Département : ....

Altitude : ....

Manifestations : ....

Plats typiques : ....

Blason : ....

3. **Invétéré** : très passionné.

Personnages

Favre, brigadier.

Antoine, droguis

Luciani, adjudant.

Aurélie, fiancée de
Nicolas et amie de
Delphine. Elle est
fleuriste.

Nicolas, fils de Marie
et frère de Delphine.
Il travaille à l'auberge.

Serge, frère de Marie et oncle de Delphine et Nicolas. Il revient d'Australie.

Marie, mère de Delphine et Nicolas, sœur de Serge. Elle est propriétaire de l'auberge.

Émilie, amie d'Aurélie.

Delphine, fille de Marie, sœur de Nicolas et nièce de Serge. Elle doit épouser Julien.

Julien, futur mari de Delphine.

Catherine, ancien amour de Serge.

Des frissons de peur

« Pourquoi tu es revenu ? Tu vas le regretter ! Je te tuerai. »
Serge Morel n'en croit pas ses yeux [1]. Il s'assoit près de la
cheminée, dans le séjour de l'auberge [2] de sa sœur Marie. Il est
seul dans la pièce. Il lit à nouveau la lettre anonyme, inquiet.

« Qui me déteste à ce point ? » se demande-t-il.

Il regarde par la fenêtre. Le soleil brille sur les toits du petit
village situé sur les rives du lac d'Annecy. Pour la première fois de
sa vie, il a peur. Il se sent en danger.

« Je dois faire attention, très attention ! » se dit-il.

L'horloge indique deux heures.

— Qu'est-ce que tu fais encore ici ?

Delphine, la nièce de Serge, se tient debout devant la porte et
lui sourit. Elle a un joli visage, encadré de longs cheveux blonds.

---

1. **Ne pas en croire ses yeux** : être très surpris.
2. **Une auberge** : petit hôtel, en général à la campagne, où l'on peut
   dormir et manger.

Des frissons de peur

— Ah, c'est toi, Delphine... Tu as raison, j'avais complètement oublié mon rendez-vous avec Julien !

La jeune fille s'aperçoit que quelque chose ne va pas.

— Tu as l'air inquiet... Si tu veux, je téléphone à Julien et je lui dis que tu ne peux pas venir.

— Non, ça va aller. Il faut absolument qu'on se voie aujourd'hui ; Julien a déjà tellement de choses à organiser pour votre mariage...

Delphine se met à rire.

— D'habitude, c'est la fiancée qui a des problèmes avec les préparatifs !

Serge regarde sa nièce dans les yeux et lui demande :

— Dis-moi, tu es heureuse ?

— Oui, très heureuse... mais je suis aussi très fatiguée !

— Tu ne vas quand même pas te plaindre [3] ! crie Marie depuis le couloir. C'est moi qui ai presque tout organisé !

— Maman, tu plaisantes, n'est-ce pas ? réplique Delphine.

— Pas du tout ! Dis donc, ma chère, qui a envoyé les faire-part ? Et qui a parlé avec la couturière ? Et qui a...

— D'accord, tu as gagné. C'est toi qui as tout fait, tout préparé, tout organisé ! Peut-être même que c'est toi qui iras à l'autel avec Julien le jour du mariage !

Tout le monde se met à rire.

Une heure plus tard, Serge rencontre Julien. Les rapports entre les deux hommes semblent tendus [4].

— Je refuse de le vendre ! crie Serge.

Julien, un bel homme aux cheveux bruns, regarde, surpris, l'oncle de Delphine.

---

3. **Se plaindre** : se lamenter, exprimer son mécontentement.
4. **Tendu** : ici, difficile.

— Mon cher oncle, je me permets de t'appeler ainsi puisque je vais épouser ta nièce, il faut que tu me le vendes...

— Tu m'en demandes trop, répond Serge.

Il observe le terrain que Julien veut obtenir : c'est un immense pré bordé d'arbres. Au loin, on aperçoit les eaux turquoise du lac d'Annecy.

— Je te l'ai déjà dit, ajoute Julien, je peux te faire une offre très intéressante.

— Ce n'est pas une question d'argent, réplique Serge.

Un rayon de soleil éclaire le petit village.

— Tu veux détruire mes projets, c'est ça ?

— Julien, essaie de comprendre... Je viens d'arriver d'Australie et je ne désire qu'une seule chose : profiter de la tranquillité et de la paix qui règnent ici.

Serge soupire, puis il ajoute :

— J'ai l'intention de faire construire une petite maison en bois au milieu du terrain, et de mon balcon, je pourrai regarder les bateaux sur le lac.

— Mais tu ne comprends pas que chaque logement construit ici pourrait se vendre en quelques semaines, en quelques jours même ! C'est une affaire en or[5] !

— Une affaire... à quoi bon ? J'en ai fait des affaires dans ma vie... Mais maintenant, tout ce qui m'intéresse, c'est un endroit tranquille où passer le restant de mes jours[6]. Et cet endroit, c'est ici, près du lac, au milieu des montagnes et des pins... sur le terrain que mon père m'a laissé.

Julien est furieux :

---

5. **En or** : ici, très avantageux économiquement.
6. **Le restant de mes jours** : le temps qu'il me reste à vivre.

— Tu n'es qu'un égoïste ! Tu ne penses pas à Delphine qui va bientôt devenir ma femme, ni à notre avenir. Et dire que j'avais déjà préparé le projet, quel idiot !

Serge fixe le jeune homme de ses yeux bleus et profonds, avant d'ajouter :

— Je te le répète pour la dernière fois : seule la mort pourra me séparer de ce terrain !

— Je t'avertis, continue Julien, tu regretteras ta décision ! Je te jure que tu la regretteras !

— C'est une menace ?

Julien ne répond pas et s'éloigne rapidement.

Pendant ce temps, Delphine s'occupe de son bouquet de mariée dans le magasin d'Aurélie, une jeune fille enjouée [7] aux magnifiques yeux verts. Aurélie aide Delphine à choisir parmi les roses, les lis et les orchidées.

— Ces petites roses blanches seront parfaites : simples et élégantes à la fois. Qu'est-ce que tu en penses ? demande Delphine.

— Elles sont magnifiques ! répond la fleuriste.

Aurélie observe le bouquet et sourit à son amie. Puis, elle approche les fleurs de son visage pour mieux sentir leur parfum.

— Tu dois absolument me lancer ce bouquet le jour de ton mariage. Tu n'oublieras pas ?

— Bien sûr que non ! Je te le lancerai, comme ça on pourra célébrer ton mariage avec mon frère !

La jeune fille aux grands yeux verts sourit, un peu embarrassée ; puis, tout à coup, son visage devient sérieux et elle dit :

— Tu es sûre ?

7. **Enjoué** : gai, joyeux.

Delphine regarde son amie, étonnée.

— Sûre de quoi ? De mon mariage avec Julien, c'est ça ?

— Excuse-moi, je ne voulais pas te vexer [8]. Je ne sais pas comment aborder le sujet... Tu sais, on raconte qu'il travaille peu et que... qu'il est dans une mauvaise passe [9] en ce moment.

Aurélie essaie de lire dans les pensées de Delphine, puis d'une voix hésitante, elle ajoute :

— Il paraît que si ton oncle refuse de le laisser construire sur son terrain, il aura de gros ennuis.

— Mais Julien ne m'a jamais parlé de tout ça !

Delphine semble inquiète : elle baisse les yeux.

— Les gens ne savent pas ce qu'ils disent... C'est une période difficile, c'est vrai, mais mon oncle nous aidera, j'en suis sûre.

— Je n'ai pas confiance en ton oncle, poursuit Aurélie. Tout le monde dit qu'il a fait fortune en Australie, mais... est-ce qu'il vous a donné quelque chose ? De l'argent, par exemple ? Et pourtant vous êtes sa seule famille...

— C'est vrai. Il était chercheur de diamants en Australie et il a aussi voyagé un peu partout dans le monde à la recherche de pierres précieuses. Mais maintenant il est revenu, et il a bien l'intention de rester. Je me demande pourquoi...

— Crois-moi, il doit être vraiment riche, s'il est revenu ! Peut-être... Peut-être qu'il a ramené un tas de pierres précieuses !

— Non, je ne crois pas. Tu connais ma mère, elle est très curieuse ! Elle a cherché partout, mais elle n'a rien trouvé.

— Delphine, je suis sûre que ton oncle vous cache quelque chose...

---

8. **Vexer** : humilier quelqu'un, lui faire de la peine.

9. **Être dans une mauvaise passe** : vivre une période difficile.

ACTIVITÉS

Compréhension écrite et orale

DELF ❶ Lisez le chapitre, puis cochez la bonne réponse.

1 Serge reçoit une lettre
- a ☐ d'amour.
- b ☐ de menace.
- c ☐ de motivation.

2 Serge est
- a ☐ l'oncle de Delphine.
- b ☐ le père de Delphine.
- c ☐ un ami de Delphine.

3 Delphine et Julien vont
- a ☐ se marier.
- b ☐ divorcer.
- c ☐ partir en voyage.

4 Julien veut acheter le terrain de Serge pour y
- a ☐ habiter.
- b ☐ construire des logements.
- c ☐ passer ses vacances.

5 Serge vient d'arriver
- a ☐ d'Australie.
- b ☐ d'Asie.
- c ☐ d'Afrique.

6 Après sa conversation avec Serge, Julien est
- a ☐ satisfait.
- b ☐ très en colère.
- c ☐ rempli d'espoir.

7 Pour son mariage, Delphine choisit un bouquet
- a ☐ de lis.
- b ☐ d'orchidées.
- c ☐ de roses.

2 Devinez quel personnage se cache derrière chaque affirmation : Serge (S), Delphine (D), Julien (J), Aurélie (A) ou Marie (M).

1 ☐ Je vais bientôt me marier, je dois choisir un bouquet de fleurs.

2 ☐ Je ne comprends pas le choix de mon amie. Elle va épouser un homme qui a des problèmes.

3 ☐ J'ai préparé un projet pour construire des logements.

4 ☐ J'étais chercheur de diamants.

5 ☐ J'ai cherché les pierres précieuses partout, mais je ne les ai pas trouvées.

6 ☐ Je veux une petite maison en bois où passer le restant de mes jours.

7 ☐ Je vais bientôt me marier avec le frère de mon amie.

8 ☐ Je ne vendrai jamais le terrain !

Grammaire

La mise en relief

Pour mettre en relief un mot ou un groupe de mots, on peut utiliser les structures :

- **c'est... qui** ou **ce n'est pas... qui** lorsque l'élément mis en relief est sujet de la phrase.

  C'est la fiancée qui a des problèmes !

- **c'est... que** ou **ce n'est pas... que** lorsque l'élément mis en relief est complément de la phrase.

  C'est sur ce terrain que Julien veut construire.

Attention ! Si l'élément mis en relief est un pronom personnel sujet, on doit toujours utiliser un pronom tonique.

C'est toi qui as tout fait !

Avec un nom au pluriel et avec la troisième personne du pluriel, on emploie les tournures **ce sont/ce ne sont pas... qui** et **ce sont/ce ne sont pas... que**.

Ce sont eux qui achètent les fleurs.

Ce sont elles qui ne veulent pas venir à mon mariage !

MAIS *C'est vous qui arrivez toujours en retard.*

À l'oral, les Français ont tendance à toujours employer **c'est/ce n'est pas**.

1 Récrivez les phrases en mettant les éléments soulignés en relief.

1 <u>Nous</u> avons demandé des renseignements.

....

2 <u>Demain</u>, ma mère parlera avec la couturière.

....

3 Je veux vivre <u>au bord du lac</u>.

....

4 <u>Tu</u> as tout organisé.

....

5 Il veut rencontrer <u>mon oncle</u>.

....

6 <u>Elles</u> me parlent toujours de mon frère.

....

Enrichissez votre **vocabulaire**

1 Associez chaque expression à sa signification.

1 ☐ La fine fleur de la société   a En pleine jeunesse
2 ☐ Dans la fleur de l'âge   b Être sentimental
3 ☐ Faire une fleur   c L'élite
4 ☐ Être fleur bleue   d Très facilement
5 ☐ Comme une fleur   e Accorder un avantage,
                                          une faveur

Production écrite et orale

DELF **1** Vous avez la possibilité de faire construire votre maison dans un endroit que vous adorez. Quel lieu choisissez-vous ? Pourquoi ? Décrivez ce que vous voyez par la fenêtre.

DELF **2** Vous devez acheter un bouquet de fleurs pour une occasion importante. Imaginez le dialogue avec la fleuriste.

Un tas d'ennuis

La promenade autour du lac est pratiquement déserte.
— Pourquoi es-tu revenu ?
Catherine, une femme au visage fané, mais encore très séduisante, attrape un homme par le bras et le regarde droit dans les yeux.

   — Je suis venu chercher un peu de paix, voilà tout, répond l'homme.

   Catherine s'arrête et observe Serge. Ce dernier poursuit :

   — Je ne t'ai jamais oubliée, tu sais...

   — Laisse-moi tranquille... Je te rappelle que je suis mariée. Réponds plutôt à ma question : pourquoi es-tu revenu ?

   — Je viens de te dire que je cherchais un peu de tranquillité.

   Serge tente de l'embrasser.

   — Arrête ! Quelqu'un pourrait nous voir, dit Catherine.

   — Ton mari est jaloux, c'est ça ?

— Oui.

— Je n'ai jamais cessé de [1] t'aimer, Catherine. Si je suis revenu, c'est aussi pour toi... et pour notre fils !

— Tu ne vas pas croire que nous avons un avenir ensemble, j'espère !

— Pourquoi pas ?

Catherine se tient face à lui, les yeux remplis de colère. Elle le fixe et lui dit d'un ton menaçant :

— Je te répète pour la dernière fois que tout est fini entre nous !

Surpris par la détermination de Catherine, Serge fait un pas en arrière.

— Je t'interdis de révéler quoi que ce soit, continue Catherine. Personne ne doit être au courant [2] ! Tu m'entends ? Personne !

— Notre fils a le droit de savoir qui est son père ! Tu ne peux pas m'empêcher de lui dire la vérité !

— Si tu dis un seul mot à ce sujet, je te tue !

— Je veux reconnaître mon fils !

— Jamais de la vie ! C'est mon fils et celui de l'homme qui m'aime et qui ne m'a pas abandonnée... Je ne veux pas le faire souffrir inutilement.

— C'est pourtant ce qui arrivera, parce que je dirai à tout le monde que son vrai père, c'est moi !

Le visage baigné de larmes, Catherine s'enfuit.

Serge regarde fixement le lac, plein d'amertume [3] : Catherine, la femme qu'il aime depuis toujours, ne veut pas renoncer à sa vie

---

1. **Cesser de** : arrêter de.
2. **Être au courant** : savoir.
3. **Amertume** : tristesse, ressentiment.

et à sa famille pour lui. Déçu et triste, il décide de rentrer à l'*Auberge du vieil orme.*

— Te voilà, enfin ! Je t'ai cherché partout !

Appuyé contre le tronc d'un orme devant l'entrée de l'auberge, Nicolas, un garçon robuste au visage sympathique, sourit à son oncle. Il porte un tablier blanc et une toque de cuisinier.

— Quelque chose ne va pas ? demande-t-il.

— Ce n'est rien, répond Serge. Pourquoi me cherchais-tu ?

— J'ai quelque chose d'important à te demander…, dit Nicolas d'une voix hésitante.

Serge semble fatigué et inquiet, et il n'a pas l'air d'avoir envie de parler. Mais le jeune homme ne peut pas remettre la conversation à plus tard. Il n'a pas le choix : il doit parler à son oncle, et il doit le faire maintenant.

Serge prend une chaise et vient s'asseoir près de son neveu.

— Je t'écoute, mon grand…

— Eh bien, je sais que tu es riche, très riche…

— Ce ne sont que des rumeurs [4]…

— Tu plaisantes ? Tout le monde sait que tu as fait fortune en Australie.

— Les gens parlent sans connaître la vérité ! Tu devrais le savoir !

— Écoute, je veux tout simplement te dire que maman, Delphine et moi, on a besoin de toi.

— Besoin de moi ? De mon argent, tu veux dire ! Et pourquoi ?

— Parce que l'auberge ne rapporte plus comme avant.

---

4. **Une rumeur** : nouvelle sans certitude, infondée.

Un tas d'ennuis

Maintenant, les touristes préfèrent les hôtels de luxe avec parc et piscine. Et puis, il faut qu'on répare la toiture, sinon il va bientôt pleuvoir dans les chambres. On a besoin d'argent, mais on n'en a pas. Tu pourrais...

— Tu n'as qu'à demander à la banque, l'interrompt sèchement son oncle. On ne vous refusera pas un prêt[5], avec une auberge qui vous appartient !

— Et l'argent que mon père t'a prêté, tu n'as pas oublié, n'est-ce pas ?

Serge hausse les épaules, agacé. Nicolas poursuit :

— Rends-nous au moins cet argent, je t'en prie ! Le mariage de Delphine a coûté très cher, trop cher et...

Serge se lève brusquement.

— Crois-moi, je ne peux rien faire pour vous !

— Pourquoi refuses-tu de nous aider ? crie le jeune homme, tandis que Serge s'en va. Quand on ne rend pas l'argent emprunté à la banque, on finit par tout perdre... Tu comprends ça ?

Mais il n'obtient aucune réponse. Nicolas donne un coup de pied au vieil orme, puis il se dirige vers la place du village, très en colère.

— Je me vengerai[6], ça c'est sûr ! murmure-t-il. Je me vengerai !

5. **Un prêt** : somme d'argent mise à la disposition d'une personne qui doit ensuite la rembourser.
6. **Se venger** : Rendre à quelqu'un le tort subi.

Compréhension écrite et orale

DELF ❶ Écoutez l'enregistrement du chapitre, dites si les affirmations suivantes sont vraies (V) ou fausses (F), puis corrigez celles qui sont fausses.

		V	F
1	Il y a beaucoup de monde qui se promène autour du lac.	☐	☐
2	Serge est toujours amoureux de Catherine.	☐	☐
3	Catherine et Serge ont eu un enfant ensemble.	☐	☐
4	Serge veut reconnaître son fils.	☐	☐
5	Nicolas est le neveu de Serge.	☐	☐
6	Nicolas demande de l'argent à Serge pour réparer sa voiture.	☐	☐
7	Serge dit qu'il lui donnera seulement l'argent emprunté à son père.	☐	☐
8	Nicolas est très en colère.	☐	☐

❷ Lisez le chapitre, puis répondez aux questions.

1 Que veut révéler Serge ?
2 Comment réagit Catherine ?
3 Pourquoi Serge est-il déçu et triste quand Catherine s'en va ?
4 Pourquoi l'auberge ne rapporte-t-elle plus comme avant ?

3 Écoutez l'enregistrement, puis complétez le tableau.

Titre de l'œuvre
Le ....
Nom du peintre
.... Cézanne
Année de création
....
Courant artistique
....
Musée
The Courthauld Institute of Art de ....
Dimensions
79,1 cm x .... cm

Enrichissez votre **vocabulaire**

1 Complétez les phrases avec les adjectifs proposés en vous aidant des synonymes entre parenthèses.

menaçant agacé robuste fané jaloux surpris séduisante

1 Ma tante a 65 ans. Elle a un visage (*ridé*) .... mais elle est encore (*charmante*) ....

2 Mon fiancé me téléphone trois fois par jour : il est très (*possessif*) ....

3 Le ton (*agressif*) .... de sa voix m'a fait peur.

4 Je suis (*étonné*) .... par ton courage ! D'habitude, tu as peur de tout !

5 Mon frère fait de la musculation depuis cinq ans : il est (*costaud*) ....

6 Je suis (*énervé*) .... par toutes tes questions ! Laisse-moi tranquille !

2 Complétez les mots et expressions suivants.

1 Une t_ _u_

2 un _a_ _ _er

3 _a_g_ _ _ _ l_ _m_ _

4 Un t_ _ _c

Production écrite et orale

DELF 1 Comment imaginez-vous le fils de Catherine et de Serge ? Décrivez-le !

DELF 2 Après de longues années, vous retrouvez une personne que vous avez aimée. Imaginez le dialogue.

DELF 3 Vous voulez réaliser votre rêve mais vous n'avez pas assez d'argent et vous décidez de vous adresser à une banque. Racontez de quel rêve il s'agit et dites quelle somme d'argent vous devez emprunter.

Après ma mort...

Le soleil éclaire les prés. Aurélie et Nicolas se promènent le long d'un sentier au milieu des champs. Ils se tiennent par la main.

— Hier, je me suis disputé avec mon oncle, dit soudain le jeune homme.

— Pourquoi ?

— Parce qu'il ne veut pas nous aider. Il refuse de nous donner l'argent pour l'auberge. Tu sais, pour réparer la toiture...

— Ça signifie que nous n'avons pas assez d'argent pour notre mariage ? demande Aurélie.

— En fait, nous n'en avons pas du tout. Il va falloir attendre, ma chérie.

— Attendre encore ? J'en ai assez !

— Mon oncle était la seule personne à pouvoir m'aider, mais il a refusé catégoriquement.

— Quel minable ! Je le déteste ! s'exclame Aurélie.

Elle se tourne vers les montagnes pour cacher ses larmes.

Pendant ce temps, Serge se trouve dans la droguerie de son ami Antoine, un homme maigre aux yeux malicieux qu'il cache derrière d'épais verres à lunettes. Serge observe les nouvelles étagères avec satisfaction, puis il dit :

— Le menuisier a vraiment fait un excellent travail !

Il s'assoit sur la chaise qui se trouve à côté du comptoir. Le droguiste profite de l'occasion pour aborder un sujet délicat.

— Dans le village, il y a des gens bien, des personnes honnêtes... Toi, au contraire...

Serge se tourne brusquement vers son ami.

— Moi, quoi ? Que veux-tu insinuer ? Vous commencez tous à m'agacer ! Serge fais ceci, Serge fais cela, Serge donne-moi de l'argent, Serge ne dis rien à personne...

Il regarde Antoine, d'un air sévère. Puis il reprend :

— Vas-y ! Je suppose que toi aussi tu as quelque chose à me demander !

— Tu dois aider Julien, dit le droguiste à voix basse. Je lui ai prêté de l'argent, mais il ne me l'a pas rendu.

— Et il ne te le rendra pas ! On m'a dit qu'il ne travaille pas beaucoup en ce moment...

— C'est justement pour ça que tu dois lui vendre ton terrain, ajoute Antoine, pour lui permettre de faire construire et de gagner de l'argent.

Serge sourit, mais son regard est glacial.

— Il ne pourra construire qu'après ma mort ! crie-t-il avant de sortir, sans dire au revoir à son ami.

Antoine fixe la porte et serre les poings.

Compréhension écrite et orale

1 Écoutez l'enregistrement du chapitre, puis répondez aux questions.

1 Où se trouvent Nicolas et Aurélie ?

2 De qui parlent-ils ?

3 Pourquoi Aurélie est-elle en colère ?

4 Qui est Antoine ?

5 Que demande-t-il à Serge ? Pourquoi ?

6 Que répond Serge ?

2 Écoutez l'enregistrement, puis associez chaque fin de proverbe à son début.

1 ☐ Le temps   a ne fait pas le bonheur.

2 ☐ En avoir   b c'est de l'argent.

3 ☐ L'argent   c et l'argent du beurre.

4 ☐ On ne peut pas avoir le beurre   d pour son argent.

5 ☐ Jeter l'argent   e pour argent comptant.

6 ☐ Prendre quelque chose   f par les fenêtres.

Enrichissez votre vocabulaire

1 Associez les proverbes de l'exercice précédent à leur signification.

A ☐ Être satisfait de ce qu'on a obtenu par rapport à l'effort qu'on a fourni.

B ☐ Il faut choisir : on ne peut pas avoir tout à la fois.

C ☐ Juger sans esprit critique, sans discernement.

D ☐ Dépenser en gaspillant.

E ☐ Le temps est précieux.

F ☐ Il ne suffit pas d'avoir de l'argent pour être heureux.

2 Associez chaque mot à sa définition.

1 ☐ Aurélie et Nicolas <u>se promènent</u> au milieu des champs.
2 ☐ Nicolas <u>s'est disputé</u> avec son oncle.
3 ☐ Serge a refusé son aide. Quel <u>minable</u> !
4 ☐ Antoine veut <u>aborder</u> un sujet délicat.
5 ☐ Antoine veut <u>insinuer</u> quelque chose à l'égard de Serge.
6 ☐ Serge sourit, mais son regard est <u>glacial</u>.

a Médiocre.
b Très froid.
c Marchent pour se détendre.
d Parler de quelque chose.
e A eu une querelle.
f Suggérer quelque chose.

3 Associez chaque mot à l'image correspondante.

a une droguerie   c un menuisier   e une étagère
b un sentier   d un comptoir   f un poing

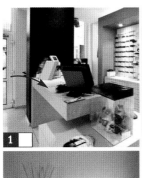
1 ☐

2 ☐

3 ☐

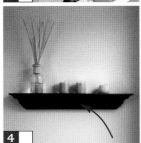
4 ☐

5 ☐

6 ☐

PROJET **INTERNET**

La Savoie

Rendez-vous sur le site www.blackcat-cideb.com. Écrivez le titre ou une partie du titre du livre dans la barre de recherche, puis sélectionnez-le. Dans la page de présentation du livre, cliquez sur « Projets Internet » pour accéder au lien de chaque projet.

A Dans la rubrique « Découvrir », cliquez sur « Art de vivre ».

▶ Quels sont les deux fromages produits en Pays de Savoie ?

▶ Quels sont les deux principaux poissons fins de lac que l'on peut goûter ?

B Dans la rubrique « Activités », cliquez sur « Patrimoine », puis sur la flèche orange. Cherchez le Musée Paccard, puis cliquez sur « détails ».

▶ Qu'est-ce que la « Savoyarde » ?

▶ Qu'y a-t-il au programme du musée ?

▶ Quelle est l'adresse du musée ?

C Dans la rubrique « Événements », cliquez sur « Les incontournables », puis sur « Retour des Alpages ».

▶ Que symbolise la journée consacrée aux alpages ?

▶ Où et quand cette fête a-t-elle lieu ?

▶ Que peut-on voir dans les rues de la ville ?

Une fête... surprenante !

— Vive les mariés ! Vive les mariés !
La joie et la bonne humeur règnent dans la salle. Delphine embrasse Julien et lui sourit. Elle est heureuse. Tout le monde lève son verre et porte un toast au jeune couple.

Les serveurs courent d'une table à l'autre du restaurant. Le repas est délicieux : des hors-d'œuvre à base de cèpes et de saumon fumé, des poissons d'eau douce et du gibier. Il y a aussi les meilleurs fromages de la région... sans oublier la pièce montée !

Soudain, un homme aux cheveux blancs se lève et interrompt le brouhaha.

— Votre attention, s'il vous plaît !

Un murmure s'élève, puis tout le monde se tait.

Un personnage influent, l'adjudant [1] Luciani, lève les yeux de son assiette. Des cheveux noirs très courts encadrent son visage au teint cuivré. Il observe les invités d'un air satisfait.

---

1. **Un adjudant** : sous-officier dans la gendarmerie nationale.

« Les personnalités les plus en vue [2] du village sont ici, pense-t-il, le maire, le curé, le notaire... Il y a aussi la fleuriste, le droguiste, et d'autres amis de la famille. »

Il remarque d'étranges regards en direction de l'homme qui vient de se lever.

Delphine et Julien ne cessent de se dévorer des yeux. Ils sont si heureux qu'ils ne font pas attention à ce qui se passe autour d'eux.

Son verre à la main, Serge va prendre la parole. L'ambiance est tendue et l'adjudant a un mauvais pressentiment... Il peut lire

2. **En vue** : important.

l'envie [3] et la méchanceté dans les yeux de certains invités.

— J'ai l'impression qu'il n'est pas très apprécié dans le coin, dit Luciani à voix basse.

— D'après ce qu'on raconte, confie le brigadier Favre à l'adjudant, quand il était jeune, il a eu des aventures avec beaucoup de filles du village. Il a brisé le cœur de la plupart d'entre elles. Et puis un beau jour, il a disparu, sans doute pour fuir la colère de leurs pères et de leurs frères...

« Peut-être que quelqu'un souhaite sa mort... » pense Luciani.

3. **Envie** : ici, sentiment de haine envers quelqu'un qui possède quelque chose que l'on désire.

— Il y a des jeunes qui lui ressemblent de façon assez surprenante, ajoute Favre. Les yeux bleus sont un signe évident. Dans ces vallées, peu de gens ont les yeux aussi bleus, si vous voyez ce que je veux dire...

— Je vois très bien, dit Luciani.

— Il ne faut jamais revenir sur les lieux du crime ! ajoute le brigadier en riant.

L'adjudant fronce les sourcils.

« C'est un bon gars, se-dit-il, mais son sens de l'humour laisse un peu à désirer... »

— Nous sommes tous réunis ici, pour fêter le mariage de Delphine et de Julien..., commence Serge.

Il prend une dragée [4] dans sa poche et la porte à la bouche.

Le photographe lui demande de se rapprocher des mariés. Serge se place près d'eux et poursuit son discours.

— Je voudrais porter un toast à ce merveilleux couple et à... mon retour ! s'exclame-t-il.

Il a les joues rouges et il sourit. Le photographe prend une photo.

— Je dois vous avouer quelque chose... Si je suis revenu ici, c'est parce que...

Le photographe interrompt Serge : il veut prendre une photo de toute la famille avec la pièce montée. Quelqu'un prie Serge de continuer son discours.

— Eh bien, l'heure est venue pour moi de vous révéler que...

Mais, il n'a pas le temps de terminer sa phrase. Il commence à trembler, son corps se raidit et il finit par s'écrouler [5] sur la table, mort.

---

4. **Une dragée** : bonbon composé d'une amande enrobée de sucre. En général, on offre les dragées pour un mariage ou un baptême.
5. **S'écrouler** : tomber.

Compréhension écrite et orale

DELF ❶ Écoutez l'enregistrement du chapitre, remettez les mots dans l'ordre, puis dites si les affirmations sont vraies (V) ou fausses (F).

V F

1 et portent un toast / lèvent leurs verres / les invités / au jeune couple.

....

2 dessert / de noces / est délicieux / le repas / mais il n'y a pas de.

....

3 à tous les invités / se lève / aux cheveux noirs / pour parler / un homme.

....

4 de parler / ne cessent / Delphine et Julien / avec les invités.

....

5 prend / sur la table / Serge / une dragée / dans sa poche / et la pose.

....

6 de toute la famille / le photographe / avec la pièce montée / veut prendre une photo.

....

7 meurt / son discours / Serge / après avoir terminé.

....

❷ Lisez le chapitre, puis dites de quel(s) personnage(s) il s'agit.

1 Elle embrasse Julien et lui sourit. ....

2 Ils sont si heureux qu'ils sont indifférents à ce que les invités disent ou font. .... et ....

3 Il remarque que certains invités détestent Serge. ....

4 Il veut avouer quelque chose aux convives. ....

Enrichissez votre **vocabulaire**

1 Remplissez la grille de mots croisés à l'aide des définitions. Tous les mots appartiennent au champ lexical du mariage.

1 Traditionnel gâteau des mariés.

2 En général, les jeunes mariés l'effectuent juste après la célébration du mariage.

3 En général, ce sont les meilleurs amis des mariés ! Pour la loi, ils doivent certifier l'exactitude des déclarations des futurs époux.

4 Les premiers temps du mariage où règnent bonheur et entente dans le couple.

5 Il peut être *de mariage* et *de naissance*.

6 Fête qui suit la cérémonie.

7 Ce bijou, symbole de l'union entre les époux, se porte à l'annulaire.

8 Les mariés la déposent dans un magasin ou une agence de voyages.

9 La tradition veut que la mariée le lance à ses amies célibataires. Celle qui l'attrape devrait être la prochaine à se marier.

2 Retrouvez le sens des phrases suivantes.

1 Serge interrompt le brouhaha.
- a ☐ Il fait cesser le bruit.
- b ☐ Il arrête de manger.
- c ☐ Il fait tomber un verre.

2 Delphine et Julien se dévorent des yeux.
- a ☐ Ils mangent beaucoup.
- b ☐ Ils s'amusent beaucoup.
- c ☐ Ils se regardent avec passion.

3 Serge a brisé le cœur de beaucoup de filles.
- a ☐ Il les a aimées sincèrement et profondément.
- b ☐ Il les a aidées dans une situation difficile.
- c ☐ Il les a faites souffrir.

4 Le sens de l'humour de Favre laisse un peu à désirer.
- a ☐ Il n'est pas sincère.
- b ☐ Il n'est pas drôle.
- c ☐ Il est très drôle.

5 Le corps de Serge se raidit.
- a ☐ Il est souple.
- b ☐ Il est rigide.
- c ☐ Il est bronzé.

Production écrite et orale

DELF **1** Que devait révéler Serge ? Écrivez le discours qu'il aurait dû prononcer s'il n'était pas mort.

2 Avez-vous déjà eu un mauvais pressentiment ? Racontez.

DELF **3°** Vous êtes en voyage de noces. Écrivez un courriel à votre meilleur(e) ami(e) pour lui raconter votre voyage : lieux, activités, transports, etc.

Les gemmes

Les gemmes sont des minéraux que l'on taille et que l'on polit [1] pour ensuite les utiliser en bijouterie, joaillerie et orfèvrerie.

Pour être considéré comme gemme, un minéral doit réunir les qualités suivantes : éclat, dureté, inaltérabilité et rareté. On peut classer les gemmes en trois grands groupes : les pierres précieuses (diamant, saphir, rubis et émeraude), les pierres fines (aigue-marine, lapis-lazuli, jade, opale, etc.) et les pierres organiques [2] (ambre, corail, perle, jais, etc.).

Il n'existe pas, dans le monde entier, deux gemmes identiques ! Chacune a son histoire et conserve les traces des années, des siècles

1. **Polir** : rendre lisse, uni et brillant.
2. **Organique** : d'origine animale ou végétale.

et même parfois des ères géologiques qu'elle a traversés ! De nos jours, les gemmes servent essentiellement à la création de bijoux ou d'objets ornementaux, mais autrefois on leur attribuait des vertus extraordinaires et des propriétés curatives qui étaient décrites dans les textes de médecine et dans les lapidaires[3].

Aujourd'hui, de nombreux métiers gravitent autour des gemmes : chercheurs, commerçants, gemmologues, bijoutiers…

Quelques curiosités…

Certaines gemmes sont associées aux anniversaires de mariage. Par exemple, si vous êtes marié depuis 16 ans, vous fêterez vos noces de saphir, depuis 40 ans, vos noces d'émeraude, depuis 44 ans, vos noces de topaze et depuis 60 ans, vos noces de diamant !

Le rubis : de couleur rouge sang, il symbolise la passion. Il est très rare et très précieux. D'ailleurs, en langue sanscrite[4], le rubis est appelé « ratnaraj » dont la traduction serait : « Roi des pierres précieuses ». Les principaux gisements se trouvent au Myanmar.

Le saphir : il peut être bleu, jaune, orange, violet ou vert. Mais la couleur la plus recherchée reste le bleu. Selon des croyances anciennes, cette pierre peut conserver sa teinte inaltérée uniquement si elle est portée par des personnes honnêtes et sincères ! Charlemagne en possédait un qu'il portait en talisman. Il se trouve aujourd'hui dans la cathédrale de Reims.

3. **Un lapidaire** : au Moyen Âge, traité sur les pierres.
4. **Sanscrit** : ancienne langue de l'Inde.

L'émeraude : de couleur verte, elle est liée à de nombreuses croyances. Les Incas la considéraient comme une pierre sacrée, les Hindous disaient qu'elle portait bonheur et guérissait les malades, et Néron, qui était myope, avait l'habitude de suivre les combats de gladiateurs à travers une lentille verte concave d'émeraude. Aujourd'hui, la Colombie est le plus important producteur mondial d'émeraudes.

Le diamant : c'est le minéral le plus dur et le plus brillant qui existe au monde ! Ce n'est pas un hasard si on dit que le diamant est éternel et si son nom signifie « indomptable, inflexible ». Agnès Sorel, la favorite du roi de France Charles VII, a été la première femme à recevoir un diamant taillé, en gage d'amour éternel !

Les perles : elles prennent naissance lorsqu'une huître recouvre un corps étranger de belles couches de nacre. Autrefois, c'était le hasard, et lui seul, qui présidait à leur naissance : il fallait des milliers d'huîtres pour en trouver une qui contienne une perle ! De nos jours, elles sont souvent cultivées : c'est la main de l'homme qui introduit une bille [5] de nacre à l'intérieur de l'huître, pour favoriser et augmenter leur production. La plupart des perles de culture viennent du Japon.

L'aigue-marine : elle possède toutes les nuances de bleu. D'après des traditions anciennes, il semble sage de la porter pour la simple raison qu'elle est censée garantir un mariage heureux. C'est donc la pierre

5. **Une bille** : petite boule pleine et dure.

idéale à la fois pour les amoureux et pour les couples mariés.

Le jade : en 3000 avant notre ère, les Chinois le considéraient déjà comme une pierre majestueuse. Le jade était censé conserver le corps après la mort. On en trouve dans les tombeaux, vieux de plusieurs millénaires, des empereurs défunts. Les Chinois mettaient des fragments de cette gemme dans les fondations des maisons pour protéger ceux qui y habitaient. Posséder un jade a depuis toujours été un signe extérieur de richesse. Le jade est généralement d'un vert plus ou moins prononcé.

Compréhension écrite

1 Lisez attentivement le dossier, puis cochez la bonne réponse.

1 La perle est une pierre
   a ☐ précieuse.   b ☐ organique.

2 Autrefois, on utilisait les gemmes en
   a ☐ médecine.   b ☐ architecture.

3 On associe certaines gemmes
   a ☐ à l'âge.   b ☐ aux anniversaires de mariage.

4 Qui portait un saphir en talisman ?
   a ☐ Charlemagne.   b ☐ Néron.

5 Le plus grand producteur d'émeraudes est
   a ☐ le Myanmar.   b ☐ la Colombie.

6 La gemme qui garantirait un mariage heureux est
   a ☐ le lapis-lazuli.   b ☐ l'aigue-marine.

Dans le cirage !

La photo du président de la République est accrochée au mur. Juste en dessous, l'adjudant Luciani est en train de lire *Le Dauphiné Libéré*, le journal régional. Il semble préoccupé.

— Finie la tranquillité ! s'exclame-t-il. Des journalistes sont arrivés d'Avoriaz, de Bonneville et de Chambéry ! Je n'avais jamais vu autant de casse-pieds [1] de ma vie... Pourquoi, mais pourquoi ne suis-je pas resté en Corse, bien tranquille dans mon village de Saint-Florent ? À part quelques bagarres de temps en temps, je n'avais pas à me plaindre...

— Mais ici aussi, c'est tranquille, réplique Favre.

« Tranquille et froid, pense Luciani, surtout en hiver. Comme je regrette le soleil de mon île ! »

Il éprouve une profonde nostalgie, mais il s'efforce de réagir.

---

1. **Un casse-pieds** : personne qui dérange, très ennuyeuse.

« Bon, chaque chose en son temps. Essayons de résoudre cette affaire, puis je demanderai ma mutation ! » se dit-il pour se donner du courage.

Favre croise les bras et attend patiemment. Il sait que lorsque son chef réfléchit, il peut rester silencieux pendant des heures. Mais cette fois-ci, cinq minutes lui suffisent.

— Que dit le rapport du médecin légiste [2] ? demande l'adjudant.

— La victime a été empoisonnée par de la mort-aux-rats, une substance utilisée notamment pour éliminer les rongeurs.

— C'est un poison facile à se procurer [3]. Il pourrait bien s'agir d'un meurtre...

L'adjudant réfléchit encore, puis il regarde Favre droit dans les yeux et ajoute :

— Au moment où il allait faire des révélations... on lui a définitivement cloué le bec ! J'ai eu le pressentiment que quelque chose n'allait pas quand nous étions au restaurant. Hélas, j'avais vu juste... Bon, je vous écoute Favre, qu'est-ce qu'on sait pour l'instant ?

Patiemment, le brigadier recommence :

— La victime a été empoisonnée par de la mort-aux-rats.

— Ça, vous me l'avez déjà dit.

— Ce qu'on n'arrive pas à comprendre, c'est comment se sont déroulés les faits.

— Expliquez-vous.

— On ne sait pas où et quand il a été empoisonné. Les

2. **Un médecin légiste** : médecin qui pratique les autopsies.
3. **Se procurer** : obtenir.

recherches faites sur le lieu du crime n'ont donné aucun résultat :
pas de trace du poison.

— Et s'il s'agissait d'une injection ?

— Impossible : la victime n'a pas crié et il n'y a aucune marque
de piqûre sur son corps.

— Son verre a-t-il été analysé ?

— Oui. Maintenant, il ne nous reste plus qu'à attendre. Nous
aurons les autres résultats dans une dizaine de jours.

Luciani se lève brusquement.

— Sous nos yeux, il est mort sous nos yeux ! Vous étiez là vous
aussi ! Pourquoi n'avons-nous rien vu ?

— Vous savez...

— Dites-moi Favre, qui s'est approché de lui pendant la fête ?

— À l'exception du [4] serveur et du photographe, qui étaient
trop occupés à travailler, presque tous les invités se sont
retrouvés à un moment ou à un autre à côté de la victime.

— Tout le village était là ! s'exclame l'adjudant. Et pas le
moindre indice !

4. **À l'exception de** : sauf, mis à part.

Compréhension écrite et orale

DELF **1** **Écoutez l'enregistrement du chapitre, puis cochez la bonne réponse.**

1 L'adjudant est en train de lire *Le*
   a ☐ *Figaro.*
   b ☐ *Dauphiné Libéré.*
   c ☐ *Monde.*

2 Il veut demander une mutation pour
   a ☐ partir à l'étranger.
   b ☐ rentrer en Corse.
   c ☐ aller à Paris.

3 Serge a été
   a ☐ empoisonné.
   b ☐ poignardé.
   c ☐ étranglé.

4 La mort-aux-rats est utilisée pour éliminer les
   a ☐ insectes.
   b ☐ parasites.
   c ☐ rongeurs.

5 Juste avant de mourir, Serge allait
   a ☐ révéler un secret.
   b ☐ faire des excuses.
   c ☐ quitter la réception.

6 Les derniers résultats arriveront dans environ
   a ☐ deux jours.
   b ☐ une semaine.
   c ☐ dix jours.

7 Tous les invités se sont retrouvés à côté de la victime, sauf
   a ☐ Delphine et Julien.
   b ☐ le serveur et le photographe.
   c ☐ Aurélie et Nicolas.

Grammaire

La voix passive

À la voix active, le sujet fait l'action.

Le laboratoire (sujet) *a analysé* (verbe) *son verre* (COD).

À la voix passive, le sujet subit l'action.

Son verre (sujet) *a été analysé* (verbe) *par le laboratoire* (complément d'agent).

La voix passive se forme avec l'auxiliaire **être** conjugué au même temps que le verbe à la voix active et le participe passé du verbe.

Les journalistes **écrivent** *(présent) un article.*

→ *Un article* **est** (présent) **écrit** (participe passé) *par les journalistes.*

Le participe passé s'accorde en genre et en nombre avec le sujet.

Pour introduire le complément d'agent, on utilise la préposition **par**, si le verbe exprime une action, ou **de**, s'il exprime un sentiment ou un état.

La gendarmerie **est encerclée** <u>par</u> *les journalistes.* (action)

La gendarmerie **est entourée** <u>de</u> *grands arbres.* (état)

Attention ! Si, à la forme active, le sujet est représenté par le pronom **on**, on n'exprime pas le complément d'agent à la forme passive.

On a empoisonné la victime. → *La victime a été empoisonnée.*

1 **Transformez les phrases suivantes à la voix passive.**

1   Les jeunes mariés ont invité les amis et la famille.

....

2   Le photographe prend des photos de la cérémonie.

....

3   Stéphanie a acheté un très beau bouquet.

....

4   La police recherche les assassins.

....

5   Les habitants n'aiment pas le nouveau maire de la ville.

....

6   On soupçonne tout le monde.

....

2 Transformez les phrases suivantes à la voix active.

1 Ce nouveau portable est produit par une marque allemande.

....

2 Le plus grand hôtel de la ville était dirigé par mes parents.

....

3 Une nouvelle mode va être lancée par ce styliste américain.

....

4 Ce chanteur est apprécié du public.

....

5 La voiture non polluante a enfin été inventée !

....

6 Tous les billets ont été vendus par l'association.

....

7 La siège de l'entreprise est occupé par les manifestants.

....

8 Le coupable a été arrêté hier soir.

....

Enrichissez votre **vocabulaire**

1 Associez chaque définition à l'expression correspondante.

1 ☐ Il est dans le cirage.
2 ☐ Il veut demander sa mutation.
3 ☐ On lui a cloué le bec.
4 ☐ Il n'a aucun indice.

a Il ne comprend rien.
b Il n'a pas de preuve.
c Il désire travailler ailleurs.
d On l'a obligé à se taire.

A C T I V I T É S

2 Associez chaque mot à l'image correspondante.

a le brouillard   d le givre   g un éclair
b le soleil   e le vent   h la neige
c la grêle   f la pluie   i des nuages

Production écrite et orale

DELF **1** Vous êtes journaliste au *Dauphiné Libéré*. Luciani ne vous accorde aucune interview ; vous décidez donc de poser des questions aux habitants du village à propos du meurtre de Serge. Imaginez les dialogues, puis écrivez l'article pour le journal.

DELF **2** Aimez-vous la ville ou le village où vous êtes né(e) ? Expliquez pourquoi.

DELF **3** Vous écrivez une lettre à votre supérieur pour lui demander votre mutation. Vous lui expliquez quelles sont les raisons qui vous ont poussé(e) à faire ce choix.

51

Rendez-vous avec le destin

La vitrine de la droguerie est remplie de produits solaires, signe que l'été approche. Il n'y a pas de clients et le droguiste en profite pour nettoyer ses nouvelles étagères en toute tranquillité.

Soudain, une personne entre. Antoine la reconnaît.

— Ah, c'est toi…, dit-il à voix basse.

Il jette un rapide coup d'œil dans la rue pour s'assurer qu'il n'y a personne, puis il ferme la porte.

— Je voulais justement te parler, dit-il avec un sourire moqueur[1].

— Me parler ? Pour me dire quoi ?

— Que j'ai besoin d'argent.

— Et alors ? Qu'est-ce que j'ai à voir là-dedans[2] ?

— Allons, ne me dis pas que tu n'as pas compris !

— Compris quoi ? Mais qu'est-ce que tu racontes, Antoine ?

---

1. **Moqueur** : ironique.
2. **Avoir à voir avec quelque chose** : être concerné par quelque chose.

— J'ai découvert ton secret : je sais comment Serge est mort. J'ai besoin d'argent... et c'est toi qui vas m'en donner ! Sinon...

— Sinon quoi ? Qu'est-ce que tu sais sur la mort de Serge ?

— Je sais tout ! Il suffit d'un peu de bon sens.

— Je n'y comprends rien ! Tu deviens fou, mon pauvre Antoine !

— Ce n'est pas moi qui deviens fou... Tu viens acheter de la mort-aux-rats sous prétexte que ta maison est envahie de souris et, quelques jours plus tard, comme par hasard, Serge meurt empoisonné ! C'est Luciani qui me l'a dit. Une étrange coïncidence [3], tu ne trouves pas ?

— Je continue à ne pas comprendre...

— Luciani, lui, se fera un plaisir de comprendre quand je lui dirai qui a acheté de la mort-aux-rats récemment...

— Il n'y a certainement pas que moi !

— Tu te trompes [4], il n'y a que toi !

— Cela ne prouve rien du tout !

— Bien au contraire...

Le mystérieux interlocuteur du droguiste finit par céder.

— D'accord... Combien tu veux ?

Le droguiste écrit un chiffre sur une feuille.

— Tu as perdu la tête ! Je n'ai pas tout cet argent !

— Je te fais confiance, tu le trouveras... Sinon...

— Donne-moi un peu de temps, je t'en prie !

— Je ne peux pas. J'ai une dette [5] de jeu et si je ne la paie pas, je suis un homme mort ! Je veux l'argent ce soir, tu n'as pas le choix.

L'interlocuteur d'Antoine est blanc comme un linge.

---

3. **Une coïncidence** : événement qui a lieu au même moment qu'un autre, par hasard. Ici, c'est ironique.

4. **Se tromper** : commettre une erreur, avoir tort.

5. **Une dette** : quelque chose que l'on doit à quelqu'un.

— Je te laisse choisir le lieu du rendez-vous, dit Antoine.

— Au vieux moulin, à minuit. Je ne veux pas qu'on nous voie ensemble.

— Ça tombe bien... réplique Antoine. Moi non plus !

L'assassin sort rapidement de la droguerie et disparaît dans la rue.

Les cloches de l'église sonnent minuit. Leurs tintements couvrent, pour un instant, un bruit faible mais continu. Ce sont les planches du petit pont qui relie le sentier au vieux moulin. Quelqu'un est en train de les scier...

Pendant ce temps, un homme avec un imperméable foncé marche le long du sentier qui traverse le bois. Le vent secoue les branches et il pleut très fort. Il arrive près du pont. Devant lui se dresse la silhouette sombre du moulin.

— Où es-tu ? crie-t-il.

Sa capuche tombe. Un croissant de lune éclaire son visage.

— Je suis là, près du moulin. Tu n'as qu'à traverser le pont ! répond une voix rauque. J'ai la somme que tu m'as demandée.

— Tu vois, ce n'était pas si difficile ! Après tout, tu as les diamants de Serge. Si tu les vends, tu pourras récupérer ton argent ! dit le droguiste pendant qu'il avance, un pas après l'autre, vers son destin.

— Tu te trompes ! Je n'ai pas les diamants. Je ne les ai pas trouvés.

— Où peuvent-ils être ? Tu n'as pas une petite idée ?

— Ils doivent être bien cachés à l'auberge.

Le droguiste se dit qu'il va pouvoir mettre la main sur les diamants, mais il ne voit pas que quelque chose est tombé de son imperméable et, surtout, il ne s'aperçoit pas que les planches du pont sont sur le point de céder. Quelques secondes plus tard, il bascule dans le vide en poussant un hurlement de terreur. Son corps est emporté par le courant.

Compréhension écrite et orale

1 Écoutez l'enregistrement du chapitre, puis répondez aux questions.

1 En quelle saison se passent les faits racontés dans ce chapitre ?
2 Pourquoi le droguiste regarde-t-il dans la rue avant de fermer la porte ?
3 Pourquoi, selon lui, l'inconnu a-t-il acheté de la mort-aux-rats ?
4 Pourquoi demande-t-il de l'argent à l'inconnu ?
5 Comment l'inconnu réagit-il ?
6 Où et quand Antoine et l'inconnu ont-ils rendez-vous ?
7 Est-ce que l'inconnu a trouvé les diamants ?
8 Pourquoi Antoine tombe-t-il dans le vide ?

2 Lisez le chapitre, puis associez chaque phrase à la personne qui la prononce : Antoine (A) ou l'inconnu (I).

	A	I
1 Où es-tu ?	☐	☐
2 Ils doivent être bien cachés à l'auberge.	☐	☐
3 J'ai découvert ton secret : je sais comment Serge est mort.	☐	☐
4 Qu'est-ce que j'ai à voir là-dedans ?	☐	☐
5 Je voulais justement te parler.	☐	☐
6 Je suis là, près du moulin. Tu n'as qu'à traverser le pont !	☐	☐
7 J'ai besoin d'argent.	☐	☐
8 Je n'ai pas les diamants.	☐	☐
9 Ça tombe bien, moi non plus !	☐	☐
10 Je sais tout, il suffit d'un peu de bon sens !	☐	☐
11 J'ai la somme que tu m'as demandée.	☐	☐
12 Tu as perdu la tête, je n'ai pas tout cet argent !	☐	☐

Grammaire

Ne... que

La locution **ne... que** est synonyme de **seulement, uniquement, exclusivement**. Ce n'est pas une négation, mais une restriction.

Il n'y a que toi ! signifie *Il y a seulement toi !*

1 Récrivez les phrases avec *ne... que.*

1 J'ai seulement 10 euros.

....

2 Il cherche uniquement un peu de paix.

....

3 Elle boit exclusivement de l'eau.

....

4 Tu achètes seulement du pain ?

....

5 Elle parle uniquement de ses enfants.

....

6 François a seulement une sœur.

....

Enrichissez votre **vocabulaire**

DELF **1** Cochez le synonyme de l'expression ou du mot souligné.

1 Il jette un rapide coup d'œil dans la rue.

a ☐ Regard furtif.   b ☐ Regard méchant.

2 Tu deviens fou, mon pauvre Antoine !

a ☐ Insensé.   b ☐ En colère.

3 Cela ne prouve rien du tout !

a ☐ Démontre.   b ☐ Signifie.

4 Il y a un petit pont qui <u>relie</u> le sentier au vieux moulin.

a ☐ Sépare.   b ☐ Réunit.

5 Quelqu'un est en train de les <u>scier</u>.

a ☐ Couper.   b ☐ Peindre.

6 Il veut <u>mettre la main sur</u> les diamants.

a ☐ Trouver.   b ☐ Jeter.

2 Complétez les mots suivants.

1 une s _ _ _ _ _   2 une _ l _ _ _ _   3 une _ _ _ _ _ h _

4 des _ l _ _ _ _ _   5 un m _ _ _ _ _   6 une v _ _ _ _ _ _

7 un _ _ n _   8 un i _ _ _ _ _ _ _ l _   9 des _ r _ _ _ _ _ _

3 Associez chaque expression à sa signification.

1 ☐ Être blanc comme un cachet d'aspirine.

2 ☐ Faire nuit blanche.

3 ☐ Marquer un événement d'une pierre blanche.

4 ☐ Être blanc comme neige.

5 ☐ Donner carte blanche à quelqu'un.

6 ☐ Faire chou blanc.

7 ☐ Un examen blanc.

8 ☐ Être blanc comme un linge.

a Lui permettre d'agir en toute liberté.

b Échouer.

c Être très pâle, à cause de la peur.

d Signaler un fait important.

e Être innocent.

f Avoir la peau très claire, ne pas être bronzé.

g Qui sert uniquement à vérifier la préparation des candidats sans avoir de valeur officielle.

h Ne pas dormir.

Production écrite et orale

1 Antoine et l'inconnu se rencontrent à minuit au vieux moulin mais les faits se déroulent d'une façon différente par rapport à ce que vous venez de lire. Imaginez ce qui se passe.

DELF **2** Qui est l'inconnu selon vous ? Faites une hypothèse et justifiez votre choix.

PROJET **INTERNET**

Le Festival international du film d'animation

Rendez-vous sur le site www.blackcat-cideb.com. Écrivez le titre ou une partie du titre du livre dans la barre de recherche, puis sélectionnez-le. Dans la page de présentation du livre, cliquez sur « Projets Internet » pour accéder au lien de chaque projet.

A Dans la rubrique « L'événement », cliquez sur « Présentation », puis sur « Qu'est-ce que c'est ? ».
  ▶ Quand le Festival a-t-il été créé ?
  ▶ Qu'est-ce qu'il permet de faire en un seul lieu ?
  ▶ Que signifie le sigle « Mifa » ?

B Dans la même rubrique, cliquez sur « Historique ».
  ▶ En quelle année les bureaux de l'organisation s'installent-ils à Annecy ?
  ▶ En quelle année le Festival devient-il annuel ?
  ▶ Que se passe-t-il en 2007 ?

C Dans la même rubrique, cliquez sur « Bénévoles », lisez le texte, puis dites si vous aimeriez participer au festival comme bénévole. Justifiez votre réponse.

Où sont les diamants ?

— Chassez immédiatement ce journaliste, c'est un ordre ! crie  Luciani.

— L'adjudant ne peut pas vous recevoir, monsieur.

L'homme proteste, mais il est mis à la porte [1].

— Fermez à clé !

Le brigadier Favre n'en croit pas ses yeux. Il n'a jamais vu son supérieur dans cet état-là !

— Chef, dans la droguerie, on a trouvé...

— Rien, comme d'habitude...

— Attendez ! Alors, comme je vous le disais, dans la droguerie, on...

— Parlez, bon sang !

— On a trouvé un agenda. Le droguiste y notait tous ses rendez-vous. Au soir de sa mort, il y avait écrit : « Minuit, vieux moulin ». Il ne se trouvait donc pas là-bas par hasard.

---

1. **Mettre à la porte** : congédier d'une manière brusque.

— Un peu étrange comme rendez-vous, vous ne trouvez pas ?

Favre regarde par la fenêtre et sourit.

— Nous devons retourner sur le lieu de l'accident, chef... s'il s'agit bien d'un accident !

Une demi-heure plus tard, les gendarmes sont au vieux moulin.

— Chef, il y a une empreinte !

— Oui, mais qui sait depuis combien de temps elle est là !

— Pas depuis longtemps. Regardez, le terrain n'est pas tout à fait sec. La pluie ne l'a pas effacée.

— Bien. Cherchons d'autres empreintes, dit Luciani en se dirigeant vers le fleuve.

Sur la rive, un homme est en train de pêcher.

— Ah, bonjour, messieurs ! Dites, vous aimez la pêche ?

— Oui, mais nous ne sommes pas là pour ça ! répond fermement Luciani.

— Vous avez entendu parler de l'accident ? demande le brigadier.

— Hélas, oui... Quel malheur ! Ce pauvre monsieur Antoine... Il était si gentil ! Toujours souriant, toujours prêt à rendre service... Tout le monde l'aimait bien au village. Comme vous le savez, son seul défaut, c'était le jeu. C'était devenu un véritable vice et ces derniers temps, il avait perdu beaucoup d'argent, énormément d'argent !

— Merci pour votre aide. Bonne journée et bonne pêche !

— Oh, vous savez, la pêche, ce n'est plus comme avant ! réplique l'homme. Maintenant, les gens n'ont plus aucun respect pour la nature ! Ils jettent tout et n'importe quoi dans le fleuve : des chaussures, des boîtes de conserves, des bouteilles... Regardez, je suis là depuis l'aube et j'ai pris seulement ce bloc-notes [2] !

---

2. **Un bloc-notes** : petit cahier avec des feuilles détachables.

— Un bloc-notes ? demande Favre, soudain très intéressé.

— Oui, il y a aussi une publicité pour de la lessive, me semble-t-il… Mais pour en revenir à la pêche, je…

L'homme n'a pas le temps de terminer sa phrase : le brigadier lui arrache le bloc-notes des mains. Même s'il est mouillé, il est encore possible de lire quelques mots… Le mot « diamants », souligné plusieurs fois, attire l'attention de Favre. Ce dernier reconnaît l'écriture du droguiste. Il n'a aucun doute : ils sont sur la bonne piste [3] !

Une heure après, dans la grande cuisine de l'*Auberge du vieil orme*, Luciani parle avec Nicolas.

— Vous faites bien de vous adresser à moi, dit Nicolas. Ma mère est encore bouleversée par la mort de son frère et ma sœur Delphine va partir en voyage de noces : elle n'a vraiment pas le temps de répondre à vos questions.

Il s'assoit et soupire avant de poursuivre.

— Nous savions tous que mon oncle était riche. Malheureusement, il n'était pas généreux…

— Pourquoi dites-vous cela ?

— Je lui avais demandé de l'argent pour réparer la toiture de l'auberge, mais il a refusé. Et pourtant, je sais qu'il avait des pierres précieuses, des diamants surtout.

— Vous en êtes sûr ? Il a pu les donner à quelqu'un avant sa mort ?

— Non, je ne crois pas.

— Et alors, où sont-ils ?

— Je l'ignore. Bien sûr, ma mère les a déjà cherchés mais sans aucun résultat. Ils semblent avoir été très bien cachés ou alors ils ont disparu…

---

3. **Être sur la bonne piste** : suivre les bons indices, être proche de la vérité.

Compréhension écrite et orale

DELF **1** Lisez le chapitre, puis cochez la bonne réponse.

1 Un journaliste veut interviewer
 a ☐ Delphine.
 b ☐ Luciani.
 c ☐ le droguiste.

2 Luciani demande à Favre de
 a ☐ fermer la porte à clé.
 b ☐ le laisser seul.
 c ☐ répondre aux questions du journaliste.

3 La phrase « Minuit, vieux moulin » se trouve dans l'agenda
 a ☐ de Luciani.
 b ☐ de Favre.
 c ☐ du droguiste.

4 Les gendarmes trouvent une empreinte
 a ☐ dans la droguerie.
 b ☐ au vieux moulin.
 c ☐ à l'*Auberge du vieil orme*.

5 Sur le lieu de l'accident, les gendarmes trouvent
 a ☐ un bloc-notes.
 b ☐ des diamants.
 c ☐ de l'argent.

6 Le pêcheur dit que le droguiste
 a ☐ n'était pas apprécié des habitants du village.
 b ☐ aimait jouer.
 c ☐ était pauvre.

7 Luciani parle avec Nicolas
 a ☐ le lendemain matin, dans son bureau.
 b ☐ pendant la nuit, au vieux moulin.
 c ☐ une heure plus tard, à l'*Auberge du vieil orme*.

8 Nicolas dit que son oncle était
 a ☐ gentil.
 b ☐ généreux.
 c ☐ riche.

Grammaire

Les adjectifs *beau*, *fou*, *nouveau*, *vieux*

Devant un nom masculin singulier qui commence par une voyelle ou un **h** muet, les adjectifs **beau, fou, nouveau** et **vieux** deviennent **bel, fol, nouvel,** et **vieil**.

	Singulier	Pluriel
Masculin devant une consonne	beau, fou, nouveau, vieux	beaux, fous, nouveaux, vieux
Masculin devant une voyelle ou un *h* muet	**bel, fol, nouvel, vieil**	
Féminin	belle, folle, nouvelle, vieille	belles, folles, nouvelles, vieilles

Un **bel** *homme.*   *Un* **fol** *amour.*
Un **nouvel** *indice.*   *Un* **vieil** *appartement.*

1 **Mettez les adjectifs entre parenthèses à la forme qui convient.**

1 C'est un (*beau*) .... homme, il a de (*beau*) .... yeux et un (*beau*) .... regard.
2 Dans ce parc, il y a de (*vieux*) .... arbres.
3 J'ai une (*nouveau*) .... copine, elle s'appelle Clémentine.
4 Mon (*nouveau*) .... voisin a une (*vieux*) .... moto.
5 Quel (*fou*) .... enfant !

2 **Transformez les phrases au singulier.**

1 Ce sont de vieux acteurs. ....
2 Voici mes nouveaux horaires. ....
3 Quels beaux cadeaux ! ....
4 Ce sont de folles idées ! ....

Enrichissez votre **vocabulaire**

1 Associez chaque objet au matériau qui le compose.

a le papier	**d** le verre	**g** le tissu
b le plastique	**e** le bois	**h** le cuir
c l'aluminium	**f** le fer	**i** le marbre

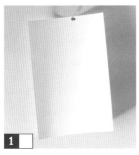
1

2

3

4

5

6

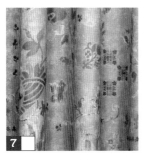
7

8

9

2 Associez chaque mot à son synonyme.

1	☐ Mouillé		a	Éloigner
2	☐ Chasser		b	Accueillir
3	☐ Vice		c	Humide
4	☐ Réparer		d	Bord
5	☐ Recevoir		e	Bizarre
6	☐ Empreinte		f	Défaut
7	☐ Étrange		g	Remettre en état
8	☐ Rive		h	Trace

Production écrite et orale

DELF ① Racontez la dernière fois que vous vous êtes fâché(e) avec quelqu'un. Dites avec qui et dans quelles circonstances.

DELF ② Avez-vous déjà perdu un objet qui vous appartenait et auquel vous teniez beaucoup, ou trouvé un objet précieux ? Racontez !

DELF ③ Vous sentez-vous concerné(e) par la protection de l'environnement ? Dites ce que vous pensez des photos.

Un curieux va-et-vient

Tout est silencieux à l'*Auberge du vieil orme*. Luciani a décidé de passer à l'action : quelqu'un cherchera les diamants, c'est évident… et ce quelqu'un est l'assassin de Serge Morel. Le gendarme veut le surprendre. Il attend depuis des heures, caché derrière les épais rideaux de la chambre à coucher de la victime. Soudain, il entend des pas dans le couloir. Quelqu'un ouvre la porte : un homme et une femme entrent dans la chambre.

    — J'ai déjà cherché partout. Ils ne sont pas ici, dit la femme.

    — Mais où sont-ils alors ? demande l'autre d'un ton énervé.

    L'adjudant reconnaît les voix de Nicolas et de sa sœur Delphine.

    — N'en parlons plus… Peut-être qu'il n'était pas si riche que ça, après tout ! Peut-être qu'il n'avait pas de diamants, ni d'émeraudes, ni d'opales, que tout ça n'est qu'une rumeur et…

    — Ou peut-être qu'il était vraiment riche et que Julien…

    — Qu'est-ce que Julien a à voir là-dedans ? demande la jeune fille en colère. Tu crois qu'il a volé les diamants, c'est ça ?

CHAPITRE **8**

— Chut [1], arrête de crier ! Delphine, réponds à ma question : d'après toi, qui tire parti de la mort de notre oncle ?

— Eh bien... nous.

— Exactement. On va sans doute hériter des terrains. Toi, tu auras ta part et ton mari pourra enfin commencer à construire ses logements.

— Tu es en train d'accuser Julien de meurtre ?

— Oui. Je crois qu'il...

— Tais-toi ! Je ne veux plus t'entendre !

Delphine sort de la chambre en courant.

— Delphine ! crie Nicolas en la suivant. Attends !

La porte reste ouverte. Luciani s'apprête à sortir de sa cachette quand il entend des pas dans le couloir. C'est Marie, la propriétaire de l'auberge, en compagnie d'Aurélie et de Catherine. Luciani se remet immédiatement derrière les rideaux.

— Au village, tout le monde raconte que Serge a été ton grand amour, dit Aurélie, en entrant dans la chambre.

— On dit beaucoup de choses..., répond Catherine.

Elle tremble et semble mal à l'aise [2]. Puis elle ajoute :

— Nous sommes là pour donner un coup de main à Marie, pas pour perdre notre temps en bavardages inutiles...

— Ce n'est pas la peine de te vexer !

— Je ne me vexe pas, mais je n'aime pas qu'on raconte des choses sur moi ! C'est clair ?

Marie intervient.

— Arrêtez de vous disputer, je vous en prie. C'est déjà assez pénible [3] pour moi de mettre de l'ordre dans les affaires de mon

---

1. **Chut !** : mot utilisé pour demander le silence.
2. **Mal à l'aise** : gêné, embarrassé.
3. **Pénible** : ici, douloureux, qui fait de la peine.

70

frère. Si, en plus, je dois vous entendre vous disputer…

Le téléphone sonne à l'étage au-dessous.

— Je vais répondre. Je reviens tout de suite, dit Marie.

— Je viens avec toi, ajoute Aurélie.

— Moi aussi, je viens. Je n'ai vraiment aucune envie de rester ici ! dit Catherine.

Les trois femmes sortent, mais quelques minutes plus tard, des pas se dirigent à nouveau vers la chambre. Quelqu'un entre et referme soigneusement la porte derrière lui. Luciani tend l'oreille. Il a l'impression que quelqu'un ouvre et ferme des tiroirs. En écartant un peu les rideaux, il aperçoit la main d'une femme qui prend une petite boîte blanche d'un sac et la remplace rapidement par une autre boîte identique qu'elle vient de sortir d'un des tiroirs. Puis, c'est au tour de l'armoire… Une veste glisse d'un cintre. Un morceau d'écorce [4] et une feuille d'arbre tombent par terre. La femme que Luciani est en train d'observer depuis quelques minutes se baisse et ramasse la feuille, mais elle ne voit pas le morceau d'écorce qui a roulé jusqu'aux pieds du gendarme. Elle retourne la feuille dans ses mains… d'un air ravi.

— C'est une feuille de l'orme ! s'exclame-t-elle.

Quelques secondes plus tard, elle quitte la pièce. Le gendarme sort de sa cachette. Après avoir ramassé le bout d'écorce et récupéré la boîte blanche, il murmure :

— Une boîte de dragées, une feuille d'arbre et un morceau d'écorce… Je commence à comprendre… La meurtrière va sûrement essayer de récupérer les diamants, et moi, je l'attendrai pour la prendre sur le fait ! Elle ne peut plus m'échapper !

---

4. **L'écorce** : partie de l'arbre qui entoure le tronc et les branches.

Compréhension écrite et orale

DELF **1** Écoutez l'enregistrement du chapitre, puis dites si les affirmations suivantes sont vraies (V) ou fausses (F).

		V	F
1	Luciani se trouve à l'*Auberge du Vieil Orme* pour interroger Marie.	☐	☐
2	Nicolas accuse Julien de meurtre.	☐	☐
3	Marie entre dans la chambre de Serge avec Aurélie et Catherine.	☐	☐
4	Aurélie et Catherine sont là pour bavarder.	☐	☐
5	Marie et Catherine se disputent.	☐	☐
6	Luciani voit la main d'un homme fouiller dans les tiroirs.	☐	☐
7	Un morceau d'écorce et une fleur tombent par terre.	☐	☐
8	Luciani comprend qui a tué Serge.	☐	☐

DELF **2** Lisez le chapitre, puis cochez la bonne réponse.

1 Luciani attend depuis des heures, caché derrière
   a ☐ l'armoire.
   b ☐ la porte.
   c ☐ les rideaux.

2 Nicolas et Delphine entrent dans la chambre de Serge pour chercher
   a ☐ des lettres.
   b ☐ de l'argent.
   c ☐ des diamants.

3 Le téléphone sonne
   a ☐ à l'étage au-dessous.
   b ☐ dans la chambre d'André.
   c ☐ dans la chambre d'à côté.

4 Quelqu'un ouvre l'armoire et fait tomber
   a ☐ un pantalon.
   b ☐ une veste.
   c ☐ un pyjama.

Grammaire

Le gérondif

On forme le gérondif en faisant précéder le participe présent de **en**.

On utilise un gérondif lorsque :

- le sujet de la proposition principale est le même que celui du gérondif ;
- l'action exprimée par la proposition principale et celle exprimée par le gérondif sont simultanées.

    En écartant *les rideaux, Luciani aperçoit la main d'une femme.*

Le gérondif peut indiquer la manière, la cause ou le moyen.

1 Mettez les verbes entre parenthèses au gérondif.

1 J'ai rencontré ton frère (*aller*) .... faire les courses.

2 Il s'est cassé un bras (*faire*) .... du ski.

3 Chloé fait toujours ses devoirs (*écouter*) .... de la musique.

4 Il a perdu son portefeuille (*prendre*) .... le bus.

5 Elle a retrouvé son chemin (*suivre*) .... l'étoile du berger.

6 Ils se sont connus (*participer*) .... à un concours.

2 Répondez aux questions en employant le gérondif.

1 Comment peut-on apprendre l'espagnol ?

    ....

2 Comment peut-on protéger l'environnement ?

    ....

3 Comment peut-on se faire des amis ?

    ....

4 Comment peut-on devenir célèbre ?

    ....

5 Comment peut-on lutter contre les accidents de la route ?

    ....

Enrichissez votre **vocabulaire**

1 Remplissez la grille à l'aide des définitions.

1 Dans une commode, il y en a plusieurs.
2 Conversations, discussions... souvent inutiles.
3 En général, on y range ses vêtements.
4 Il sert à pendre ses vêtements.
5 On s'y cache ou on y cache quelque chose.
6 Dans les immeubles, il y en a plusieurs.

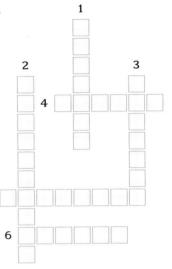

2 Complétez les phrases avec les verbes proposés en vous aidant des définitions entre parenthèses. N'oubliez pas de conjuguer les verbes si nécessaire.

> se vexer   s'apprêter   tirer parti   trembler
> passer à l'action   ramasser   hériter

1 Les policiers ont décidé de (*intervenir*) ....

2 Ils (*bénéficier*) .... de la mort de leur oncle. Ils vont (*recevoir des biens après la mort de quelqu'un*) .... des terrains.

3 Mélanie et Thomas (*être sur le point*) .... à partir en vacances au bout du monde !

4 Les élèves (*frissonner à cause de la peur*) .... devant la directrice : elle est très sévère !

5 Il (*s'offenser*) .... lorsqu'on lui a dit qu'il était lâche.

6 Hier, ils (*recueilli*) .... des coquillages sur la plage.

3 Associez chaque expression à sa signification.

1 ☐ Prendre son courage à deux mains.
2 ☐ Avoir la main verte.
3 ☐ Forcer la main à quelqu'un.
4 ☐ S'en laver les mains.
5 ☐ Donner un coup de main.
6 ☐ En venir aux mains.
7 ☐ Faire des pieds et des mains.

a Employer tous les moyens à disposition.
b L'obliger, le contraindre.
c Se décider à agir malgré la peur.
d Être doué pour le jardinage.
e Ne pas se considérer comme responsable.
f Aider.
g Commencer à se battre.

Production écrite et orale

DELF 1 Luciani raconte à Favre tout ce qu'il a vu et entendu dans la chambre de la victime pendant qu'il était caché derrière les rideaux. Écrivez le dialogue entre les deux gendarmes.

2 Vous venez de recevoir une lettre dans laquelle on vous annonce que vous êtes l'unique héritier d'un parent que vous n'avez jamais connu, mais qui était très riche. Imaginez ce qu'il vous a laissé et dites comment vous réagissez.

Ce bon vieil orme...

Luciani est caché près du vieil orme. Depuis qu'il a assisté à la substitution des boîtes de dragées dans la chambre de la victime, et qu'il a vu l'intérêt de la meurtrière pour la feuille tombée de la veste de Serge, il ne quitte pas l'orme des yeux. Beaucoup de gens se sont approchés de l'arbre pendant la journée, mais aucun n'a fait le geste qu'il attend et qui prouvera une bonne fois pour toutes le mobile du crime. Voilà pourquoi il attend patiemment : il en est sûr, tôt ou tard le coupable s'approchera de l'orme et il le prendra en flagrant délit !

La nuit tombe. Quelqu'un gare sa voiture sur la place.

« Cette fois sera-t-elle la bonne ? » se demande le gendarme.

C'est Catherine. Elle porte un jean foncé et un pull violet. Elle jette un rapide coup d'œil autour d'elle pour s'assurer qu'elle est bien seule, puis elle s'approche de l'orme. Elle fait exprès de faire tomber les clés de sa voiture et elle se penche pour les ramasser. Dans la partie inférieure du vieil arbre, il y a un trou assez

profond : Catherine introduit son bras dans la fente et en sort un sachet en velours rouge.

« Voilà le geste que j'attendais ! » se dit Luciani.

— Au nom de la loi, je vous arrête ! s'exclame-t-il en s'approchant de Catherine.

Il la prend par le bras et lui passe les menottes.

— Vous êtes en état d'arrestation, déclare-il d'un ton sec.

Catherine n'oppose aucune résistance quand l'adjudant l'emmène à la gendarmerie.

— Elle va avouer…, dit le brigadier à l'un de ses collègues. Elle va forcément avouer…

Devant eux, une dizaine de tasses à café vides sont la preuve que la nuit a été longue.

« Encore des heures sup qui ne me seront pas payées » marmonne Favre, mais Luciani interrompt le fil de ses pensées.

— Favre, venez immédiatement dans mon bureau.

Dès qu'il entre, son supérieur lui fait signe de s'asseoir devant son ordinateur.

« C'est fait. Elle est passée aux aveux » se dit-il.

Catherine, immobile comme une statue, lui lance un coup d'œil glacial.

— Vous êtes prête ? demande Luciani.

— Oui, répond la femme tout bas.

— Favre, écrivez : je soussignée, Catherine Mercier, née le…, vous connaissez déjà tous ces renseignements, avoue avoir assassiné Serge Morel parce que…

Luciani lève la tête et dit à Catherine :

— Je vous écoute. Répétez tout ce que vous m'avez dit et expliquez à nouveau les faits. Soyez claire.

La femme passe une main dans ses cheveux.

— J'ai tué Serge pour protéger mon fils... Il ne devait pas savoir que cet homme était son vrai père ! Et je ne voulais pas non plus que mon mari souffre et qu'il affronte un tel scandale ! J'étais désespérée, vous comprenez ? Alors, je me suis dit que je devais à tout prix [1] protéger ma famille, effacer [2] à jamais cette erreur de jeunesse. Serge m'avait lâchement abandonnée et, d'un seul coup, il osait revenir me chercher et prétendre à l'amour d'un fils qui avait été aimé, élevé et protégé par un autre homme !

Catherine essuie ses larmes, puis elle continue :

— Pour Antoine non plus, je n'avais pas le choix...

Luciani jette un coup d'œil à Favre pour s'assurer qu'il transcrit toute la confession dans les moindres détails.

— Nous vous écoutons. Pourquoi l'avez-vous tué ?

— Parce qu'il me faisait chanter. Il avait compris que j'avais empoisonné Serge et il avait besoin d'argent. Alors, il m'a menacée de tout vous raconter si je ne lui donnais pas ce qu'il voulait !

— Comment a-t-il deviné que c'était vous ?

— À cause du poison. Comme une idiote, je l'avais acheté dans sa droguerie.

Catherine ferme les yeux, elle semble épuisée. Mais elle poursuit :

— Selon lui, j'avais les pierres précieuses et je pouvais les vendre pour récupérer l'argent. Mais il se trompait ! Je n'avais ni l'un ni l'autre ! J'ai compris où elles se trouvaient quand j'ai vu la feuille d'orme tomber de la veste de Serge. Quand nous étions enfants, lui et moi, nous jouions souvent à côté du vieil orme. Je savais qu'il adorait cet arbre. À cette époque, il y avait déjà le trou dans le tronc : l'endroit le plus sûr pour cacher des pierres précieuses !

1. **À tout prix** : absolument.
2. **Effacer** : ici, oublier, éliminer.

Ce bon vieil orme...

— Nous savions que monsieur Morel avait été empoisonné mais nous n'arrivions pas à comprendre comment. Puis, j'ai trouvé la boîte de dragées... et les analyses ont confirmé mes soupçons.

— Quelle boîte ? demande-t-elle, en faisant semblant de ne pas comprendre.

— Celle que vous avez vainement essayé de substituer dans la chambre de monsieur Morel, répond Luciani. Quand vous avez échangé les boîtes de dragées, j'ai compris que vous étiez coupable. D'ailleurs, l'analyse chimique avait déjà révélé qu'elles contenaient du poison. Dans l'armoire, j'avais trouvé une boîte entière de dragées : elles étaient toutes empoisonnées ! J'ai aussi trouvé une lettre dans laquelle vous demandiez pardon à Serge pour votre comportement ! Quelle comédienne !

Catherine serre les dents, mais elle ne peut retenir sa colère.

— Trahie par une simple boîte de dragées ! Serge était très gourmand [3] et même si la pièce montée était déjà sur la table, il n'a pas résisté à la tentation et il a mangé une dragée... J'ai eu de la chance : le poison a fait effet juste avant qu'il ne prononce son discours. Mais tout cela a été inutile...

— Et pour le droguiste ?

— Sa mort devait sembler accidentelle.

— C'est pour ça que vous avez saboté [4] le petit pont, n'est-ce pas ?

— Oui.

— Ça suffit comme ça, dit Luciani.

Alors que le brigadier emmène Catherine, l'adjudant se met à la fenêtre. Il regarde la place du village et l'auberge, puis il pose son regard sur ce bon vieil orme.

3. **Gourmand** : qui aime manger de bonnes choses, en particulier des aliments sucrées.
4. **Saboter** : abîmer, détruire quelque chose volontairement.

Compréhension écrite et orale

1 Lisez le chapitre, puis répondez aux questions.

1 Pourquoi Luciani est-il caché près du vieil orme ?

2 Que fait Catherine après s'être approchée de l'arbre ?

3 Que fait Luciani après avoir observé Catherine ?

4 Pourquoi Catherine a-t-elle tué Serge et Antoine ?

5 Comment Antoine avait-il compris qu'elle était coupable ?

6 Où Serge avait-il caché les pierres précieuses ? Pourquoi ?

7 Quand Luciani a-t-il compris que Catherine était coupable ?

8 Comment Catherine a-t-elle tué le droguiste ?

Grammaire

Le plus-que-parfait

Le plus-que-parfait est un temps composé. Il se forme avec l'auxiliaire **être** ou **avoir** à l'imparfait de l'indicatif et le participe passé du verbe conjugué.

*Il **avait compris** que j'**avais empoisonné** Serge.*

On utilise le plus-que-parfait pour indiquer qu'une action précède une autre action déjà située dans le passé.

*Serge m'**avait abandonnée** et maintenant il <u>osait</u> revenir me chercher !*

Le plus-que-parfait est aussi utilisé dans les hypothèses irréelles du passé pour évoquer un fait qui aurait pu se produire dans le passé mais qui ne s'est jamais produit.

*<u>Si</u> Catherine **n'avait pas échangé** les boîtes de dragées, Luciani ne l'aurait pas arrêtée.*

1 Conjuguez les verbes entre parenthèses au plus-que-parfait.

1   Il (*oublier*) .... d'acheter le gâteau !

2   Pour son anniversaire, je lui (*préparer*) .... une belle surprise.

3   S'ils (*prendre*) .... le train, ils seraient arrivés à l'heure malgré la neige.

4   Elle (*accepter*) .... son invitation avec enthousiasme.

5   Ils (*danser*) .... ensemble toute la soirée.

6   Ce jour-là, il (*se réveiller*) .... tard et il (*rater*) .... l'avion.

Enrichissez votre **vocabulaire**

1 Cochez la bonne réponse.

1   Elle fait exprès de ne pas s'en aller.

   a ☐ Elle reste ici intentionnellement.

   b ☐ Elle se déplace rapidement.

2   Ils l'ont prise en flagrant délit de vol.

   a ☐ Après qu'elle a volé.

   b ☐ Pendant qu'elle était en train de voler.

3   La meurtrière est passée aux aveux.

   a ☐ Elle a reconnu avoir commis le crime.

   b ☐ Elle a nié avoir commis le crime.

4   Il a fait chanter ses collègues.

   a ☐ Il les a menacés pour obtenir quelque chose d'eux.

   b ☐ Il leur a demandé de chanter une chanson.

2 En français, on utilise souvent des abréviations à l'oral. Écrivez le mot correspondant à chaque abréviation.

1 Des heures sup ....
2 Les infos ....
3 Un ado ....
4 L'apéro ....
5 Le ciné ....

6 Un resto ....
7 Un dico ....
8 Les maths ....
9 La télé ....
10 Un prof ....

3 Associez chaque mot à l'image correspondante.

a une tasse   **b** une fente   **c** des sachets   **d** des menottes

1 ☐

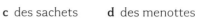

2 ☐

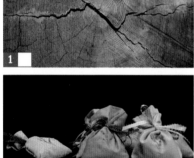

3 ☐

4 ☐

Production écrite et orale

1 Résumez oralement les événements du chapitre 9.

DELF **2** L'adjudant Luciani découvre enfin l'identité du coupable et l'arrête. Connaissez-vous un épisode semblable tiré d'un roman ou d'un fait divers ? Racontez-le en 100 mots environ (auteur du délit, faits, lieu, indices, arrestation...).

DELF **3** Imaginez la lettre que Catherine a écrite à Serge pour lui demander de la pardonner.

CHAPITRE **10**

Le magnifique
lac d'Annecy

Tout le village est en fleurs : il y a des géraniums aux balcons, des
azalées et des rhododendrons dans les jardins. Aurélie et Nicolas
se sourient. Ils se promènent, main dans la main, dans les ruelles
du village. Enfin, ils s'arrêtent devant la vitrine d'un joaillier.

— Tu es vraiment sûre ? demande le jeune homme en serrant
la main de sa fiancée.

Il l'embrasse. La jeune fille rougit, puis elle pousse la porte du
magasin.

— Bonjour, monsieur, nous voudrions choisir une bague, dit
Aurélie.

— Mais nous avons déjà la pierre, ajoute Nicolas.

Il sort une petite boîte bleue de sa poche et il l'ouvre.

85

CHAPITRE **10**

— C'est une magnifique opale ! s'exclame le joaillier.

Puis, il examine la pierre de plus près avec une loupe.

— Il est difficile de voir des pierres comme celle-ci dans le coin ! Elle présente des veines bleues et vertes vraiment extraordinaires !

— Elle vient de très loin, d'Australie pour être précis, explique Nicolas.

— Alors, il faut une monture [1] spéciale pour une pierre spéciale ! dit le joaillier. Attendez-moi un instant...

L'homme s'éloigne. Lorsqu'il revient, il tient une monture très élégante dans la main.

— Quelle merveille ! s'exclame la jeune fille avec enthousiasme. J'ai hâte de [2] la porter !

Une heure plus tard, Aurélie et Nicolas sont assis à la terrasse d'un café, sur la place du village.

— Tu es heureuse ? demande Nicolas.

— Oui, très heureuse ! répond Aurélie en le serrant dans ses bras.

— Alors, à quand le mariage ? demande une jolie jeune fille aux longs cheveux roux.

— Émilie, quelle bonne surprise ! Je ne t'avais pas vue arriver...

— Je ne voulais pas vous déranger ! dit Émilie.

— Mais tu ne nous déranges pas du tout ! Assieds-toi, ça fait longtemps qu'on ne s'est pas vues.

Aurélie ne résiste pas à l'envie de montrer sa bague de fiançailles à son amie.

---

1. **Une monture** : ici, partie de la bague qui entoure la pierre précieuse.
2. **Avoir hâte de...** : avoir très envie de..., être impatient de...

— Quelle merveille ! s'exclame Émilie. Je n'ai jamais vu…

La jeune fille ne termine pas sa phrase : un jeune homme en uniforme vient d'apparaître au coin de la rue. Il avance d'un pas assuré [3], le sourire aux lèvres.

— Monsieur Luciani, venez vous joindre à nous ! Nous allons porter un toast ! dit Aurélie.

— Ah bon, et à quoi ?

— Au succès de votre enquête, bien sûr, et puis…

Aurélie a les yeux qui brillent.

— Et puis ?

— À notre mariage ! Nicolas et moi, nous allons nous marier…

— Toutes mes félicitations ! s'exclame le gendarme.

Mais depuis qu'il s'est assis à la table, il ne quitte pas Émilie des yeux… Il a toujours aimé les jeunes filles aux cheveux roux… Apparemment, cela ne dérange pas Émilie. Bien au contraire !

« Quelle belle journée, se dit Luciani, soudain de très bonne humeur. Le soleil brille, il fait bon… Pourquoi retourner en Corse ? Je crois qu'on a encore besoin de moi ici… Après tout, je pourrais aller à Saint-Florent pendant les vacances ! Et le reste du temps, je vivrais là… tout près de ce magnifique lac d'Annecy ! C'est un endroit magique et je ne pourrais rêver mieux ! »

---

3. **Assuré** : qui manifeste de la confiance en soi.

Compréhension écrite et orale

DELF ① Écoutez l'enregistrement du chapitre, puis cochez la bonne réponse.

1 Aurélie et Nicolas s'arrêtent devant la vitrine d'un
   a ☐ boulanger.
   b ☐ joaillier.
   c ☐ parfumeur.

2 Nicolas sort de sa poche
   a ☐ une petite boîte bleue.
   b ☐ un sachet en velours rouge.
   c ☐ son portefeuille.

3 La pierre que Nicolas a apportée est
   a ☐ une opale.
   b ☐ un rubis.
   c ☐ une émeraude.

4 Émilie est
   a ☐ une amie d'Aurélie.
   b ☐ la cousine d'Aurélie.
   c ☐ la sœur de Nicolas.

5 Le jeune homme qui apparaît au coin de la rue est
   a ☐ le brigadier Favre.
   b ☐ l'adjudant Luciani.
   c ☐ un ami d'Émilie.

6 Luciani regarde Émilie et apprécie surtout
   a ☐ ses yeux.
   b ☐ son sourire.
   c ☐ ses cheveux.

7 Luciani décide de
   a ☐ retourner en Corse.
   b ☐ partir pour un long voyage.
   c ☐ rester près du lac d'Annecy.

2 Lisez le chapitre, puis dites qui, selon vous, prononce chaque phrase.

1 Aujourd'hui, avec Aurélie, on va choisir la bague de fiançailles.

a ☐ Nicolas. b ☐ le joaillier. c ☐ Favre.

2 Tous mes vœux de bonheur pour votre mariage !

a ☐ Aurélie. b ☐ Luciani. c ☐ un touriste.

3 Ce jeune gendarme corse est vraiment mignon !

a ☐ Émilie. b ☐ Aurélie. c ☐ Delphine.

4 C'est mon oncle qui a trouvé cette opale !

a ☐ Luciani. b ☐ Serge. c ☐ Nicolas.

Enrichissez votre **vocabulaire**

1 Associez chaque fleur à la photo correspondante.

a des tulipes   c des rhododendrons   e des lys
b des roses   d des géraniums   f des azalées

2 Associez chaque bijou à la photo correspondante.

a des boucles d'oreille   d un diadème   g une montre

b un bracelet   e un collier   h un pendentif

c une bague   f une broche   i une gourmette

1

2

3

4

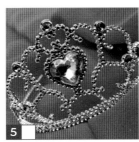
5

6

7

8

9

1 Écrivez une phrase de résumé pour chaque dessin, puis remettez-les dans l'ordre chronologique de l'histoire.

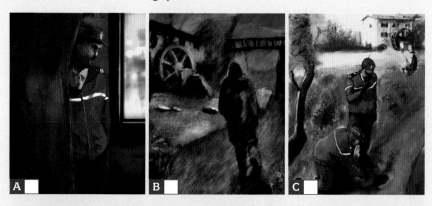

2 Associez chaque personnage à sa profession ou à son activité.

1		Serge	a	fleuriste
2		Marie	b	adjudant
3		Nicolas	c	chercheur de pierres précieuses
4		Aurélie	d	brigadier
5		Antoine	e	propriétaire d'une auberge
6		Luciani	f	droguiste
7		Favre	g	cuisinier

3 Dans cette histoire deux meurtres ont été commis. Remplissez les fiches.

1er meurtre

Coupable : ....

Victime : ....

Mobile(s) : ....

Indice(s) / Preuve(s) : ....

Arme du crime : ....

2e meurtre

Coupable : ....

Victime : ....

Mobile(s) : ....

Indice(s) / Preuve(s) : ....

Arme du crime : ....

4 La plupart des personnages de l'histoire tirent parti de la mort de Serge. Dites quelles sont les conséquences que le meurtre de Serge a pour les personnages suivants.

1 Delphine : ....

2 Julien : ....

3 Marie : ....

4 Nicolas : ....

5 Aurélie : ....

6 Catherine : ....

7 Antoine : ....

5 Associez chaque mot souligné à sa signification.

1 ☐ Serge reçoit une <u>lettre</u> anonyme.

2 ☐ Le « Z » est la dernière <u>lettre</u> de l'alphabet.

   a Message qu'on écrit à quelqu'un sur une feuille de papier.

   b Cela peut être une voyelle ou une consonne.

3 ☐ Je veux faire construire une petite maison en <u>bois</u>.

4 ☐ Il marche le long du sentier qui traverse le <u>bois</u>.

   a Un matériau.

   b Une forêt.

5 ☐ Les <u>rapports</u> entre les deux hommes semblent tendus.

6 ☐ Que dit le <u>rapport</u> du médecin légiste ?

   a Information transmise oralement ou par écrit.

   b Lien entre des personnes.

7 ☐ Un <u>croissant</u> de lune éclaire le visage d'Antoine.

8 ☐ Le matin, je bois du lait et je mange un <u>croissant</u>.

   a Morceau.

   b Pâtisserie.

9 ☐ La banque ne vous refusera pas le <u>prêt</u>.

10 ☐ Antoine était toujours <u>prêt</u> à rendre service.

   a Disposé.

   b Somme d'argent que l'on emprunte.

11 ☐ Nous devons <u>retourner</u> sur le lieu de l'accident.

12 ☐ Catherine <u>retourne</u> la feuille de l'orme dans ses mains.

   a Tourner quelque chose de façon répétitive.

   b Revenir à un endroit.

13 ☐ Favre doit aller immédiatement dans le <u>bureau</u> de Luciani.

14 ☐ Sur le <u>bureau</u> de Luciani, il y a une dizaine de tasses à café vides.

   a Lieu où travaillent des employés.

   b Meuble utilisé pour écrire.

15 ☐ Antoine porte d'épais <u>verres</u> à lunettes.

16 ☐ Son <u>verre</u> à la main, Serge va prendre la parole.

   a Lentilles qui servent à corriger les problèmes de vue.

   b Récipient pour boire.

6 Écrivez ce que représente chaque photo.

7 Remplissez la grille de mots croisés à l'aide des définitions.

1 Arrêter.

2 Quelque chose que l'on doit à quelqu'un.

3 Tomber. (*S'*)

4 Petit cahier avec des feuilles détachables.

5 Qui aime manger de bonnes choses, en particulier des aliments sucrés.

6 Humilier, faire de la peine.

7 Partie de l'arbre qui entoure le tronc et les branches.

8 Se lamenter. (*Se*)

9 Nouvelle infondée.

10 Détruire quelque chose volontairement.

11 Gai, joyeux.

12 Problème.

13 Commettre une erreur. (*Se*)